ANISSA BENMEHIDI

Feel Good

LE JEU POUR S'AUTO-COACHER ET POSITIVER

Hugo New Life

INTRODUCTION

Il faut envisager l'utilisation de *Feel Good*
comme une séance de coaching
que vous vous offrez à vous-même.
Vous lui confiez votre préoccupation,
il vous accompagne et vous aide
à l'éclaircir.

Feel Good est votre compagnon de positivité :
en fonction de votre état d'être,
de votre disponibilité ou de votre envie,
vous définissez vous-même votre parcours.
L'objectif : entrer en contact
avec vous-même pour y retrouver les « pépites »
enfouies qui s'y nichent.

***Feel Good* se partage !**
Si vous souhaitez approfondir vos relations
avec vos proches, vous pouvez jouer à *Feel Good*
en DUO et explorer ensemble
les cinq univers du jeu.

DESCRIPTION DU JEU

Feel Good a été créé pour vous permettre d'aller à l'essentiel et de vous reconnecter au positif. Il vous invite à vous poser de « bonnes questions » et trouver vos propres réponses.

Il est simple : une question au RECTO de la carte, des explications au VERSO.
Il est orienté action : il a été conçu pour vous mettre en mouvement. Au niveau de la tête, du cœur et du corps : comprendre, ressentir et agir.
Il s'inscrit dans une démarche « pas à pas » : il vous invite à vous recentrer et à vous dévoiler à vous-même avec bienveillance et douceur.

BUT ET ORGANISATION DU JEU

Feel Good poursuit un seul objectif, vous accompagner pour remettre du positif dans votre quotidien. Il s'organise autour de 3 types de cartes : 5 cartes « Univers », 10 cartes « Portes » et des cartes « Questions ».

Les cartes « Univers » :
Elles développent chacune une thématique. 5 univers à explorer s'offrent à vous. Ils sont autonomes, mais complémentaires.

1. JE RETROUVE MON AXE	Il est essentiel d'écouter ce qui nous traverse. Je réalise un scan détaillé de ce qui se passe en moi. Puis si nécessaire, je suis orienté vers des pratiques simples visant à m'aider à dépasser mes états insatisfaisants.

2. JE PERÇOIS LE POSITIF	Les occasions de me réjouir sont nombreuses, j'active mon radar intérieur pour les percevoir.
3. JE RÉVEILLE MA MOTIVATION	Quand je suis négatif, j'en oublie ce qui est important pour moi et ce qui me fait vibrer. Ici, je suis invité à m'y reconnecter.
4. JE CRÉE DES LIENS POSITIFS	De bonnes relations sont capitales pour mon bien-être. Je découvre comment ouvrir mon cœur, mais également comment poser respectueusement mes limites.
5. JE ME RÉALISE	Si je souhaite changer, il convient que je sache où je veux aller et que je me mette en marche. Je vais maintenant explorer mes aspirations profondes et décider de changements concrets.

Chacun des 5 univers dispose de 2 portes qui visent à expérimenter le thème de l'univers.

Les cartes « Portes » :
Elles présentent chacune l'objectif de l'exercice qui va suivre.
Feel Good dispose de 10 portes, c'est-à-dire 10 domaines d'exploration pratique.

5 UNIVERS	PORTE 1	PORTE 2
JE RETROUVE MON AXE	**Je me reconnecte avec ma météo intérieure** Ressource développée : Retrouver du pouvoir sur ce qui m'habite	**Je me recentre grâce à des pratiques simples** Ressource développée : Prendre du recul
JE PERÇOIS LE POSITIF	**Je repère mes plaisirs du jour** Ressource développée : Ouvrir mes perceptions au positif	**Je célèbre mes victoires** Ressource développée : Célébrer mes progrès
JE RÉVEILLE MA MOTIVATION	**Je contacte mes moteurs** Ressource développée : Renouer avec ce qui fait sens pour moi	**J'active mon énergie à travers mes cinq sens** Ressource développée : Activer mon énergie
JE CRÉE DES LIENS POSITIFS	**J'exprime ma gratitude** Ressource développée : Me sentir relié aux autres	**Je m'affirme avec respect** Ressource développée : Respecter et me faire respecter

JE ME RÉALISE	Je recontacte mes aspirations profondes Ressource développée : Renouer avec mes rêves	Je décide de changements concrets Ressource développée : Décider efficacement et agir

Les cartes « Questions » :
Chaque carte a pour fonction de vous interpeller par une question ou une action à réaliser.
En solo, vous lisez à voix haute ce qui est écrit, vous y répondez à l'oral ou à l'écrit.
En duo, à l'oral, l'un des deux lit la carte, l'autre répond.

MATÉRIEL NÉCESSAIRE

- 10 objets de petite taille à réunir par vos soins : cailloux ou jetons...
- Un cahier qui vous inspire afin de garder trace de votre cheminement intérieur, ou prendre, par défaut, une feuille de papier pour y prendre des notes.
- Un stylo.

MISE EN PLACE DU JEU...

Disposez les 10 portes devant vous en les regroupant par univers. Je retrouve mon axe au centre, je perçois le positif en haut et les autres univers disposés dans le sens des aiguilles d'une montre.

Le contenu de chaque famille de cartes est organisé comme suit :

- carte « Univers » : le RECTO de la carte illustre l'univers, le VERSO indique le nom des deux portes et le nombre de cartes correspondantes.

- La carte « Porte » : le RECTO de la carte présente l'objectif de l'exercice, le VERSO explique la fonction de la porte dans votre chemin de positivité.

- Les cartes « Questions » d'une porte forment un ensemble. Elles doivent être lues l'une après l'autre dans le sens de leur numérotation. Le RECTO de la carte « Questions » indique la question/l'action, le VERSO fournit des explications ou des exemples pour mieux appréhender le sujet. Exemple : Quelle est mon émotion ? (au recto) - Des explications sur les émotions (au verso).

LES RÈGLES

- **Inscrivez sur papier libre votre QUÊTE :** une préoccupation, un problème ou un souhait qui gagnerait à être éclairé de votre positivité.
- **Positionnez un caillou sur la porte « Météo intérieure » et un autre sur « Mes plaisirs du jour »**, car vous y passerez systématiquement.
- **Positionnez un caillou sur chacune des portes concernées par votre QUÊTE.**

Pour vous aider : au besoin, vous trouverez des éléments pour vous aider à faire votre choix dans le tableau ci-dessus, rubrique « Ressource développée ».
- **Débutez le tirage par ordre croissant des cartes :** par exemple, en plus de la « Météo intérieure » et de « Mes plaisirs du jour », j'ai choisi d'éclairer mon sujet de « Mes moteurs ». Je commencerai par lire toutes les cartes de « Ma météo intérieure », puis « Mes plaisirs du jour » et enfin je me questionnerai sur « Mes moteurs ».

→ **Lorsque vous avez fini votre tirage :** après avoir relu votre quête, répondez aux questions suivantes :

- Quel est mon état d'esprit ?
- Qu'est-ce que je ressens émotionnellement ?
- Qu'est-ce que je ressens physiquement ?
- Comment est-ce que je décide de matérialiser ma prise de conscience, ma prise de décision ? (Un Post-it près de mon ordinateur, un mot sur mon frigo, ou autre...)

IMPORTANT : Envisagez la réponse aux cartes questions sous l'angle de votre quête.

ÉMOTIONS ET SENTIMENTS

ÉMOTION	SENTIMENT
PEUR	Inquiet, horrifié, paniqué, angoissé, anxieux, effrayé, craintif, incertain, terrifié, épouvanté...
COLÈRE	Agacé, exaspéré, froissé, irrité, énervé, contrarié, horripilé, crispé, ulcéré, à bout de nerfs...
TRISTESSE	Chagriné, navré, en détresse, affligé, blessé, déçu, désespéré, résigné, mélancolique, accablé...
JOIE	Enchanté, heureux, émerveillé, béat, satisfait, épanoui, en liesse, réjoui, pétillant...
SURPRISE	Stupéfait, suffoqué, ébahi, étonné...
DÉGOÛT	Écœuré, blasé, révolté, rebuté, saturé, lassé...

LES BESOINS HUMAINS

AUTONOMIE	Choisir nos rêves, nos buts, nos valeurs Choisir des stratégies pour concrétiser nos rêves, nos buts, nos valeurs
CÉLÉBRATION	Célébrer la vie et la réalisation de nos rêves Célébrer nos pertes : la perte des êtres proches, la non-réalisation de nos rêves, etc.
INTÉGRITÉ	Authenticité Créativité Sens Estime de soi

INTERDÉPENDANCE	Acceptation Appréciation Proximité Communauté Considération Contribution à l'enrichissement de la vie Sécurité émotionnelle Empathie Honnêteté Amour Réassurance Respect Soutien Confiance Compréhension
NOURRITURE SUR LE PLAN PHYSIQUE	Air Nourriture Mouvement, exercice Protection contre les formes de vie menaçantes : virus, bactéries, insectes, animaux prédateurs Repos Expression sexuelle Abri Toucher Eau
JEU	Amusement Rire
COMMUNION D'ESPRIT	Beauté Harmonie Inspiration Ordre Paix

Extrait du livre *Introduction à la communication non violente* (Marshall Rosenberg)

Dans la même collection

Oracle du yoga, Marie-Rose Poujardieu, octobre 2020

Oracle des dieux et déesses grecs, Vanina Gallo, octobre 2020

Libérez la sorcière qui dort en vous, octobre 2020

Adoptez la sagesse Ho'oponopono dans votre vie, octobre 2020

Appliquez les 4 accords toltèques dans votre vie, octobre 2020

Révélez le chaman qui dort en vous, octobre 2020

Collection New Life dirigée par Valérie de Sahb

Conception graphique et réalisation : Laetitia Kalafat
Lecture et correction : Alice Yonnet-Droux
Illustrations : © Molesko Studio/Shutterstock

34-36, rue La Pérouse, 75116 Paris
www.hugoetcie.fr

ISBN : 9782755686371

Dépôt légal : avril 2021

Imprimé en Chine

NE PEUT ÊTRE VENDU SÉPARÉMENT

Je retrouve mon axe

Je retrouve mon axe

CET UNIVERS EST COMPOSÉ DES 2 PORTES SUIVANTES :

Ma météo intérieure
Parcours en 6 cartes

1-6

Pratiques de recentrage
Parcours en 4 cartes

7-10

Je retrouve mon axe

JE ME RECONNECTE AVEC MA MÉTÉO INTÉRIEURE

L'exercice suivant a pour objectif de prendre conscience de ce qui se passe en soi.

Je retrouve mon axe

ME RECONNECTER

Agir sur nous-mêmes et notre environnement nécessite au préalable que nous ayons conscience de ce qui nous habite.

Même s'ils ne sont pas conscientisés, nos ressentis impactent notre vie personnelle et relationnelle.

Réaliser régulièrement une petite météo intérieure nous permet d'être davantage reliés à ce qui se passe en nous et ouvre la voie à une possible régulation.

Nous gagnons en pouvoir sur nous et sur notre environnement.

Alors, prêt à te découvrir ?

Je retrouve mon axe

1

SI MON HUMEUR ÉTAIT UN CIEL, À QUOI RESSEMBLERAIT-IL ?

Exemple : ciel bleu, nuageux, orageux…

Je retrouve mon axe

1

DÉCRIRE ET EXPLIQUER

Des images figurant la nature se présentent spontanément à vous, décrivez-les comme vous le feriez pour une carte postale.

Exemple : mon humeur peut être comparable à un ciel nuageux avec un soleil qui perce, car un évènement que je redoute se produit. Le soleil, lui, figure un rendez-vous avec une personne qui pourra m'aider.

Je retrouve mon axe

3

QUE RESSENS-TU PHYSIQUEMENT ?

Exemple : détente générale, nuque tendue...

Je retrouve mon axe

3

MON EXPRESSION CORPORELLE

Je mets mon attention dans chacune des parties de mon corps : front, joues, mâchoire, langue, gorge, nuque, cou, clavicules, épaules, bras, coudes, mains, poitrine, ventre, hanches, dos, fesses, cuisses, genoux et pieds.

Mon expression corporelle peut se traduire de différentes façons :

➻ **Motrice :** tonus musculaire, tensions, tremblements...

➻ **Comportementale :** incapacité à bouger, agitation...

➻ **Physiologique :** pâleur, rougissement, accélération du pouls, palpitations, sensation de malaise...

Je retrouve mon axe

4

QUE RESSENS-TU ÉMOTIONNELLEMENT ?

Exemple : joie, lassitude, agacement…

Je retrouve mon axe

1

MES ÉMOTIONS

Il existe six émotions universelles : la joie, la tristesse, la colère, le dégoût, la peur, la surprise.

Chaque émotion remplit une fonction : c'est une énergie qui fonctionne comme un signal qui, lorsqu'elle est authentique, nous renseigne de façon très précise sur l'état de nos besoins.

Il n'y a pas de bonnes ou de mauvaises émotions.

Le sentiment est un état affectif complexe combinant des éléments émotifs et imaginatifs. La palette est large : plus de 700 sentiments ont été répertoriés.

Retrouvez une liste plus détaillée dans le livret.

Je retrouve mon axe

5

SI L'ÉMOTION N'EST PAS AGRÉABLE, QUEL BESOIN IMPORTANT POUR TOI N'EST PAS SATISFAIT ?

Exemple : si je suis frustrée de l'indisponibilité de mon amie, peut-être que mon besoin de partage n'est pas rempli.

Je retrouve mon axe

5

MES BESOINS

Un besoin humain peut être défini comme ce qui paraît nécessaire à un être. Il peut être conscient ou non.

Si mes sentiments, mes ressentis corporels ne sont pas très agréables, il se peut qu'un de mes besoins ne soit pas satisfait. Lequel ?

Retrouvez une liste plus détaillée dans le livret.

Je retrouve mon axe

JE ME RECENTRE.

LE TAMIS – L'ÉCRIVAIN – LE SAGE – LE MARCHEUR

Les quatre exercices suivants consistent à se distancer des pensées destructrices pour le bien-être : par la raison, l'écriture, la respiration et la marche.

Je retrouve mon axe

DÉPASSER NOS TENDANCES NATURELLES

Les découvertes en neurosciences nous informent que le cerveau a un penchant naturel négatif. Il donnerait peu d'importance aux bonnes nouvelles, soulignerait les mauvaises et générerait de l'anxiété et du pessimisme.

Dépasser cette tendance naturelle requiert donc un effort. Une action consciente.

Les résultats des travaux scientifiques permettent de conclure qu'une mise à distance de nos pensées participe à réduire la souffrance de manière significative.

1, 2, 3 ou 4 : faire régulièrement l'un des quatre exercices suivants vous aidera progressivement à retrouver votre pouvoir personnel et votre sérénité.

Alors, prêt à réactiver mon pouvoir personnel ?

Je retrouve mon axe

7

LE TAMIS

J'allège la puissance des pensées anxiogènes par le pouvoir de ma raison.

Description : L'exercice du tamis consiste, grâce à l'analyse, à identifier la réalité de mon inquiétude et la probabilité qu'elle se réalise.

Je retrouve mon axe

7

LA MÉTHODE DU TAMIS

1. J'exprime l'objet de mon inquiétude

2. Je réponds aux questions suivantes :

➽ **Ce que je crains**
Quels faits nourrissent cette inquiétude ?
Quels faits la contredisent ?
Quel est le pire qui puisse arriver ?

➽ **Les conséquences éventuelles**
Ai-je déjà vécu une situation semblable ?
Qu'est-il arrivé ? Dans quelle mesure ces conséquences seraient-elles tolérables ?
Comment pourrais-je envisager cette situation dans un an ? Dans cinq ans ?

3. **J'évalue le risque que cela se réalise**
Je le détermine en pourcentage (100 %).

➽ **Si le risque est élevé :**
Je définis une action pour y remédier.

➽ **Si le risque est faible :**
Je lâche prise.

L'ÉCRIVAIN

Je couche sur le papier ce qui me perturbe.

Description :
L'exercice de l'écrivain consiste à s'accorder un temps pour soi afin de prendre de la distance avec ses ressentis émotionnels.

Je retrouve mon axe

8

LA MÉTHODE DE L'ÉCRIVAIN

Matériel : un cahier et un stylo, ou un smartphone.

Durée : le temps dont vous avez besoin.

Période : dès que possible. Au besoin, prenez rendez-vous avec vous-même dans votre agenda.

Conseils :
➽ Écrivez sans filtre, ne vous souciez pas du style ni du qu'en-dira-t-on.
➽ Prenez soin de garantir la confidentialité de votre écrit.
➽ Pensez à dater votre texte.
➽ N'hésitez pas à le relire plus tard.
➽ Un moment calme propice à la concentration est recommandé.

Je retrouve mon axe

9

LE SAGE

J'effectue 5 minutes de pleine présence pour apaiser mon mental.

Description : Cette pratique consiste à concentrer l'attention sur le moment présent. En mode automatique, notre esprit rumine le passé et anticipe le futur. S'entraîner à la pleine présence permet de prendre de la distance avec nos processus mentaux.

Je retrouve mon axe

9

LA MÉTHODE DU SAGE

➻ J'enclenche un minuteur (5 minutes).
➻ Je m'assois sur une chaise, le dos droit, les pieds au sol.
➻ Je ferme les yeux.
➻ Je continue à respirer normalement.
➻ Je concentre mon attention sur ma respiration.
➻ Si mes pensées m'en éloignent, je reviens simplement à la conscience de ma respiration, sans jugement.
➻ Quand retentit la sonnerie, je constate le déroulé de mon expérience. Facile, difficile ? Contenu et récurrence de certaines pensées ?
➻ Je me félicite d'avoir réussi à prendre ce temps pour moi-même.

Remarque : 7 heures de méditation suffisent pour que l'on constate un début de modification du fonctionnement cérébral. Décider de méditer trois minutes trois fois par jour peut constituer un bon début.

Je retrouve mon axe

10

LE MARCHEUR

J'effectue 20 minutes de marche pour clarifier mon esprit.

Description : Cette pratique consiste à sortir et aller marcher. Elle a pour objectif de faire cesser les ruminations de l'esprit en plaçant l'attention dans le corps.

Je retrouve mon axe

10

LA MÉTHODE DU MARCHEUR

Pléthore d'études scientifiques révèlent les bienfaits de la marche pour notre organisme.

Certaines d'entre elles nous indiquent que face aux ruminations de l'esprit, l'un des actes les plus efficaces consiste à aller marcher durant au moins 20 minutes. Comme le dit le médecin Christophe André, « Il n'y a aucun besoin d'intervenir, la route travaille pour vous ».

Important :
Il convient ici de :
- marcher seul,
- d'un pas dynamique,
- sans but précis,
- dans la nature (si possible).

Je perçois le positif

Je perçois le positif

CET UNIVERS EST COMPOSÉ DES 2 PORTES SUIVANTES :

Mes plaisirs du jour
Parcours en 3 cartes

1-3

Mes victoires
Parcours en 3 cartes

4-6

Je perçois le positif

JE REPÈRE MES PLAISIRS DU JOUR.

L'exercice suivant consiste à formuler trois plaisirs. Il a pour objectif de repérer le positif qui existe déjà dans notre vie.

Je perçois le positif

ME RECONNECTER

La vie est composée de multitudes d'instants.

La rapidité à laquelle ils se succèdent, le contexte et notre humeur nous empêchent parfois de les goûter vraiment. De plus, notre cerveau étant davantage enclin à repérer la négativité pour parer d'éventuelles menaces, nous avons tout intérêt à zoomer sur le positif.

Tel un arc-en-ciel qui illumine notre journée, repérer le positif lui confère toute sa place et nous permet d'éclairer notre ciel intérieur.

Alors, prêt à zoomer sur la joie ?

Je perçois le positif

1

QUELS SONT MES TROIS PLAISIRS DU JOUR ?

REPÉRER LE PLAISIR

Je repère mes trois plaisirs du jour. Cela peut être une rencontre, une activité, un objet, une découverte…

Il n'y a pas de petite expérience. Ayez à l'esprit : « C'est peut-être un détail pour vous mais pour moi ça veut dire beaucoup ».

Exemple : avoir discuté avec la nouvelle voisine, manger un éclair au café ce midi, finir de ranger mon bureau…

POUR QUELLE RAISON EST-CE UN PLAISIR ?

Pour chacun de mes trois plaisirs, je précise pour quelle raison c'est un plaisir.

DÉCRIRE LA RAISON

J'identifie ce qui m'a touché dans cette expérience.

Si une situation provoque du plaisir en moi, il est probable qu'un de mes besoins soit nourri. Cela peut indiquer la satisfaction de besoins tels que les loisirs, l'affection, la création ou la liberté.

Exemple : être en lien avec la nature, me relier à quelqu'un en profondeur, me divertir...

QUI PUIS-JE REMERCIER POUR CES TROIS PLAISIRS DU JOUR ?

L'OBJET DE MA GRATITUDE

Pour qui ai-je de la gratitude ? Pour moi-même, une personne, une entité comme la nature, la vie...

Je perçois le positif

JE CÉLÈBRE MES VICTOIRES.

L'exercice suivant consiste à célébrer nos petits pas. L'objectif est de prendre conscience de nos progrès quotidiens.

PASSER DU BOUTON À LA FLEUR

Comme l'explique le Dalaï-Lama, pour passer du bouton à la fleur, une rose opère des microchangements successifs.

C'est la même chose dans nos vies : les grandes réussites sont la somme d'un ensemble de petites victoires.

Pour ne pas céder au découragement et conserver joie et fraîcheur dans ce que nous entreprenons, il est essentiel que nous demeurions conscients de ces transformations invisibles en surface.

En célébrant nos progrès, nous amplifions l'énergie pour ce qu'il nous reste à faire.

Alors, prêt à reconnaître tes avancées ?

QUELLES SONT MES VICTOIRES RÉCENTES ?

Ou ce que j'ai tenté, même sans résultats.

PLUSIEURS TYPES DE VICTOIRES

Mes victoires peuvent être intérieures ou extérieures.

Elles sont intérieures quand elles concernent le dépassement de nos limites intérieures.

Exemple : j'ai persévéré alors que j'abandonne d'habitude dès la première tentative.

Elles sont extérieures quand elles sont palpables et peuvent être perçues par soi-même et par les autres.

Exemple : j'ai obtenu la bourse d'études que j'espérais.

POUR QUELLE RAISON EST-CE UNE VICTOIRE ?

Je perçois le positif

5

DÉCRIRE LA RAISON

J'ai identifié ma victoire, j'en explique la raison.

Exemple : c'est une réussite car j'ai fait preuve
de détermination alors que mon entourage m'en croyait incapable.

COMMENT EST-CE QUE JE DÉCIDE DE CÉLÉBRER CONCRÈTEMENT MA VICTOIRE ?

DÉFI !

MON ACTION

Pour matérialiser ma victoire, je pose une action que je réalise tout de suite ou que je planifie.

Suggestions : je m'offre une petite douceur, je m'octroie un bon bain, je cuisine mon plat préféré, je m'accorde une sortie, je me félicite…

Je réveille ma motivation

Je réveille ma motivation

CET UNIVERS EST COMPOSÉ DES 2 PORTES SUIVANTES :

Mes moteurs
Parcours en 4 cartes

1-4

Mes cinq sens
Parcours en 7 cartes

5-11

Je réveille ma motivation

JE CONTACTE MES MOTEURS.

L'exercice suivant consiste à identifier ce qui m'inspire. Il a pour objectif de contacter mon élan vital.

Je réveille ma motivation

RETROUVER SA RAISON D'ÊTRE

Être motivé, c'est porter en soi une pulsion durable à agir en vue d'atteindre un objectif, plus ou moins défini.

C'est la motivation qui est à l'origine de toute action. Elle est notre force motrice. Elle repose sur la nécessité de satisfaire nos besoins personnels et de vivre en accord avec nos valeurs.

Nous avons chacun nos propres sources de motivation. Si nous souhaitons nous réaliser, il est capital :

- d'identifier ce qui nous stimule,
- de puiser à la source de cette énergie puissante.

Alors, prêt à identifier vos moteurs ?

QUELLES SONT LES PERSONNES QUI M'INSPIRENT LE PLUS ?

En général ou en rapport avec l'objet de ma quête.

Je réveille ma motivation

1

DÉCRIVEZ CES PERSONNES QUE VOUS TROUVEZ ÉPATANTES.

Elles peuvent être :

- familières ou célèbres,
- vivantes ou disparues,
- fictives ou réelles.

POUR QUELLES RAISONS CES PERSONNES M'INSPIRENT-ELLES ?

LEURS QUALITÉS

Précisez ce que vous appréciez chez elles :
plus de 206 qualités humaines ont été répertoriées !

Exemples : générosité, courage, confiance en la vie, charisme, dynamisme, sens de l'organisation, tempérance, détermination…

QUELLES ACTIONS AI-JE DÉJÀ RÉALISÉES DANS LE MÊME SENS QU'ELLES ?

MES ACTIONS

J'aborde cette question avec à l'esprit la formule de Sœur Emmanuelle :

L'océan n'est fait que de gouttes d'eau !

QUELLE ACTION JE DÉCIDE DE RÉALISER AUJOURD'HUI ?

DÉFI !

JE DÉCIDE D'AGIR

Pour identifier l'action que vous allez réaliser aujourd'hui :

➽ Prenez exemple sur les personnes qui vous inspirent.

➽ Soyez vous-même et ne vous contentez pas de les copier !

L'inspiration est un « mouvement intérieur, une impulsion qui porte à faire », nous dit le Larousse.

J'ACTIVE MON ÉNERGIE À TRAVERS MES CINQ SENS.

L'exercice suivant consiste à se remémorer des souvenirs plaisants. Il a pour objectif de puiser à la source de ma joie intérieure et d'activer mon énergie vitale.

J'ACTIVE UNE ÉNERGIE PUISSANTE

Nos souvenirs plaisants sont précieux.
À la simple évocation de notre « madeleine de Proust », nous sommes replongés dans un univers qui nous ravit. Nos sens sont activés et nous pouvons bénéficier ainsi de l'énergie contenue dans ces expériences positives.

L'être humain est doté de cinq sens. Ce sont ces sens qui lui permettent d'entrer en contact avec son environnement.

Contacter ce qui crée du bien-être en nous permet de colorer positivement notre perception de la réalité.

Alors, prêt à replonger dans tes sensations de joie ?

QUELLES SONT MES VICTOIRES RÉCENTES ?

Ou ce que j'ai tenté, même sans résultat.

LA VUE

Parmi les images qui vous viennent à l'esprit, sélectionnez celle qui vous procure le plus de plaisir.

Décrivez-la et précisez ce que cela provoque en vous : de la sérénité, de l'énergie, de la joie...

Exemples : un film, le souvenir d'un visage, une photo encadrée, la vue d'un objet...

Le saviez-vous ?
La perception du monde qui nous entoure n'est pas uniquement le fait de nos yeux. Les images que nous percevons sont une construction de notre cerveau.

DE MANIÈRE GÉNÉRALE, QUELLE EST L'ODEUR QUI ME PLAÎT LE PLUS ?

L'ODORAT

Pour identifier l'odeur qui vous plaît le plus, vous pouvez piocher dans vos souvenirs d'enfance, de vacances ou autres.

Exemples : la senteur d'une fleur, le fumet d'un plat, le parfum d'un être aimé…

Le saviez-vous ?
L'odorat est une source de plaisir importante. Les personnes atteintes de perte de l'odorat connaissent souvent une période de forte dépression.

DE MANIÈRE GÉNÉRALE, QU'EST-CE QUE J'AI DU PLAISIR À TOUCHER ?

LE TOUCHER

Pour vous connecter plus facilement au sens du toucher, pensez :

- aux matières des vêtements que portez,
- aux éléments choisis pour orner votre intérieur,
- aux activités manuelles que vous appréciez.

La texture peut être : collante, crayeuse, dure, farineuse, fondante, friable, gluante, granuleuse, humide, lisse, moelleuse, onctueuse, pâteuse, plâtreuse, souple...

Le saviez-vous ?
Le sens du toucher nous permet d'explorer le monde qui nous entoure. On dénombre 100 000 récepteurs disséminés sous les couches de la peau, 17 000 dans une seule main.

L'expression « ça me touche » nous rappelle le caractère d'interdépendance qui existe entre nos sensations et nos ressentis émotionnels.

DE MANIÈRE GÉNÉRALE, QUEL EST LE SON QUI ME REND JOYEUX ?

L'OUÏE

Pour vous aider à définir votre son favori, pensez :

- à votre musique préférée,
- aux types de voix que vous aimez entendre,
- aux langues que vous appréciez...

Le saviez-vous ?
De très nombreuses études scientifiques ont démontré les effets bénéfiques de la musique sur la structure et le fonctionnement du cerveau. Elle régule notamment les émotions et augmente le sentiment de plaisir.

DE MANIÈRE GÉNÉRALE, QUEL GOÛT EST AGRÉABLE À MON PALAIS ?

LE GOÛT

Pour vous aider à définir le goût que vous aimez, pensez :

- à votre plat favori,
- au type de restaurant que vous fréquentez,
- à vos saveurs préférées...

Le saviez-vous ?

Il existe 4 saveurs fondamentales : sucré, salé, acide et amer.

Les Japonais en ont découvert une cinquième : l'umami (« savoureux » en japonais). Elle serait présente dans les aliments riches en protéines comme les viandes.

J'IMAGINE UNE SITUATION QUI RÉUNIT LES 5 PLAISIRS SENSORIELS AU MÊME MOMENT.

LE BONHEUR ABSOLU

À vous de composer votre scène réunissant vos cinq plaisirs sensoriels.

Exemple d'une situation idyllique :
Manger de la tarte tatin dans son lit douillet en écoutant Mozart, entouré par sa famille, tout en respirant l'odeur de son doudou d'enfance. Magique !

JE DÉCIDE D'INTRODUIRE CES CINQ PLAISIRS SENSORIELS DANS MON QUOTIDIEN.

DÉFI !

ACTION AU QUOTIDIEN

Soyez attentif à ce que vous avez exprimé lors de l'exploration de vos cinq sens.

Comment cela s'est-il manifesté ? Un bien-être général, une décontraction, un rire de plaisir à l'évocation d'un souvenir...

Puisque l'expérience a été agréable, il peut être opportun d'introduire chacun de vos cinq plaisirs dans votre quotidien : la vue, l'ouïe, le goût, l'odorat et le toucher.

Vous pourrez les utiliser de façon ponctuelle (déguster votre plat d'enfance) ou permanente (agrandir votre image inspirante et l'afficher dans votre bureau).

Je crée des liens positifs

Je crée des liens positifs

CET UNIVERS EST COMPOSÉ DES 2 PORTES SUIVANTES :

Merci !
Parcours en 3 cartes

1-3

Je m'affirme avec respect
Parcours en 5 cartes

4-8

J'EXPRIME MA GRATITUDE.

L'exercice suivant consiste à remercier. Il a pour objectif de favoriser l'ouverture de cœur mutuelle et vous rapprocher des autres.

MERCI !

Je crée des liens positifs

REMERCIER FAIT DU BIEN

Exprimer notre gratitude nous invite à nous rappeler que nous sommes tous interdépendants. Nous pensons, agissons grâce au soutien des autres. Et ce, à tous les temps de notre vie : passé, présent et futur.

Exprimer ses émotions est une manière de se révéler à l'autre. Cette révélation personnelle est une clé de la confiance et donc du rapprochement avec les autres.

En plus, il est prouvé scientifiquement que la gratitude rend heureux. Elle active la région du tronc cérébral qui produit la dopamine.

Alors, prêt à enclencher la boucle rétroactive du bien-être ?

Je crée des liens positifs

1

JE ME REMÉMORE UNE SITUATION OÙ J'AI EU LA CHANCE DE BÉNÉFICIER DU SOUTIEN DE QUELQU'UN.

Je crée des liens positifs

1

JE ME SOUVIENS...

Pensez à des situations familiales, amicales ou professionnelles dans lesquelles vous avez reçu de l'aide. Celle-ci a pu être spontanée ou sollicitée.

J'ai déjà remercié :
Fantastique ! Ce moment a sans doute été très particulier.

Remémorez-vous une autre situation pour laquelle vous n'avez pas pris le temps d'exprimer votre gratitude.

Je n'ai pas remercié :
Ce n'est pas trop tard ! Découvrez tout de suite la carte suivante.

JE FORMULE PAR ÉCRIT MON REMERCIEMENT.

MERCI !

Je crée des liens positifs

2

J'EXPRIME

Sur papier simple, indiquez clairement l'action ou le comportement pour lequel vous ressentez de la gratitude.

Important : il ne s'agit en aucun cas de se sentir redevable, mais simplement de reconnaître le bien-être que cette personne m'a procuré.

JE TRANSMETS CE REMERCIEMENT
À LA PERSONNE
QUI M'A FAIT DU BIEN.

DÉFI !

JE COMMUNIQUE MA GRATITUDE

L'expression orale du remerciement n'est pas indispensable. Elle est considérée à juste titre comme plus risquée pour l'ego, car elle ajoute une composante émotionnelle au message.

En revanche, elle renforce profondément la relation précisément du fait de cette dimension émotionnelle.

La communication peut prendre des formes diverses : de vive voix, chuchotement à l'oreille, courrier, texto...

JE M'AFFIRME AVEC RESPECT.

L'exercice suivant consiste à exprimer de manière claire les désaccords inhérents à la relation. Il a pour objectif de s'affirmer de manière respectueuse pour soi et pour l'autre.

Je crée des liens positifs

UNE COMMUNICATION DE QUALITÉ

La communication interpersonnelle est source de nombreux malentendus. Cela a bien souvent des conséquences sur la qualité relationnelle. Distinguer dans notre message ce qui relève des faits, de nos jugements de valeur et de nos ressentis va contribuer à clarifier notre propos et facilitera l'établissement d'une communication constructive.

Les 4 étapes de la méthode DESC :

- **Description** des faits de la situation problème.
- **Expression** des émotions qu'elle suscite.
- **Solutions** à proposer pour sortir de l'impasse.
- **Conséquences** pour créer la motivation.

Alors, prêt à entretenir des relations équilibrées ?

J'IDENTIFIE UN PROBLÈME RELATIONNEL À SOLUTIONNER.

CHOISIR UNE SITUATION

La situation que je choisis peut concerner un désaccord ouvert ou non :

Un conflit, une impasse dans la communication, de la passivité relationnelle ou autre.

Faire le point sur la situation grâce à la méthode qui suit vous permettra déjà de la clarifier pour vous-même. Il ne sera pas impératif de la communiquer à l'autre dans les mêmes termes.

Si vous décidez de le faire, retenez qu'il sera important :

- d'agir rapidement après les faits,
- d'intervenir sur un problème à la fois,
- de choisir un moment opportun,
- de dialoguer en privé.

JE DÉCRIS EXACTEMENT CE QUI S'EST PASSÉ.

Je crée des liens positifs

5

DÉCRIRE LA SITUATION

J'explique des FAITS concrets, précis et observables.

Pour rappel, un FAIT se distingue d'une opinion personnelle.

Exemple : « Je t'ai demandé trois fois cette semaine de me donner ce document et je ne l'ai toujours pas », et non : « On ne peut pas compter sur toi, je n'arrête pas de te demander ce document ».

J'EXPRIME MON RESSENTI, SANS JUGER L'AUTRE.

EXPRIMER MES ÉMOTIONS

Je communique les émotions que le problème crée en moi.

Cela suppose parfois de répondre au préalable à la question suivante : « Qu'est-ce que je ressens dans cette situation ? »

Exemple : « Je suis en colère car j'en ai un besoin urgent », et non : « Tu m'énerves, tu es vraiment égoïste ».

JE PROPOSE UNE SOLUTION POUR SORTIR DU PROBLÈME.

PROPOSER UNE SOLUTION

Je suis invité ici à indiquer explicitement et positivement ce que je souhaite modifier pour que le problème et le ressentiment associé cessent.

Je suggère une ou plusieurs solutions. Je m'ouvre à la possibilité d'une solution commune.

Exemple : « Je te propose de me donner l'autorisation d'aller le chercher moi-même dans ton bureau, cette fois et les fois suivantes. Tu peux me proposer une autre solution si tu le souhaites. »

JE PRÉSENTE LES CONSÉQUENCES :

Les avantages si la solution retenue choisie est mise en œuvre.

Les risques si rien ne change.

Je crée des liens positifs

8

CRÉER LA MOTIVATION

Finaliser la démarche par l'exposé des conséquences vise à créer la motivation chez l'autre. Il s'agit de lui donner envie de mettre en œuvre la solution sans laquelle rien ne changera.

Cela ne doit en aucun cas s'apparenter à une menace.

Exemple : « Dans ce cas, nous pourrons retrouver des relations sereines et joyeuses. Dans le cas contraire, la situation va s'enliser et je serai contrainte d'en parler en conseil ».

Je me réalise

Je me réalise

CET UNIVERS EST COMPOSÉ DES 2 PORTES SUIVANTES :

Mes aspirations profondes
Parcours en 3 cartes

1-3

Mon objectif
Parcours en 7 cartes

4-10

Je me réalise

JE RECONTACTE MES ASPIRATIONS PROFONDES GRÂCE À LA VISUALISATION.

Les deux exercices de visualisation suivants consistent à imaginer votre futur idéal. Ils ont pour objectif de vous reconnecter à vos rêves.

LE POUVOIR DE LA VISUALISATION

La visualisation est une technique puissante.

Que le changement vous semble réalisable ou non aujourd'hui importe peu. Vous êtes invité à puiser spontanément dans les ressources de votre inconscient.

Le cerveau ne distingue pas ce qui est réel de ce qui est imaginé. Un travail de visualisation va ouvrir naturellement la voie à un changement de comportement bénéfique.

Son pouvoir sur les performances des sportifs est avéré. Ceux qui la pratiquent avant une compétition améliorent leurs résultats de 30 % à 45 %.

Alors, prêt à expérimenter la force de la visualisation ?

Je me réalise

1

L'ÉCRAN BLANC

Description : l'exercice de l'écran blanc consiste à imaginer mentalement la situation qui me préoccupe de la manière qui m'est la plus favorable.

LA MÉTHODE DE L'ÉCRAN BLANC

- J'identifie une situation à explorer.
- Je la décris précisément.
- Je m'assois devant un mur de couleur neutre.
- J'imagine ce qui pourrait se passer dans les meilleures conditions. Je décris à l'oral ce que je visualise.
- Je poursuis ma description positive, même si des éléments négatifs émergent.
- J'ancre cette vision positive en y associant un geste ou un objet.
- J'y pense régulièrement pour en activer la portée.

Exemple : je dois prendre la parole en public et j'ai peur de bégayer. J'imagine que les personnes présentes sont attentives, me sourient, et que je m'exprime de façon fluide. Si mon mental apeuré me suggère la possibilité d'un bégaiement, je précise dans ma description que je reste détendu et poursuis ma présentation. À la fin de l'exercice, je presse dans ma main une balle colorée que j'emporterai le jour J.

LE TABLEAU DE VISION

Description : l'exercice du tableau de vision consiste à créer un collage composé d'images représentant votre futur idéal. Il permet d'accéder à vos aspirations profondes : il est donc nécessaire de lui dédier un temps significatif. À noter : cet exercice se compose de deux cartes.

LA MÉTHODE DU TABLEAU DE VISION

➻ **Je définis un thème pour mon tableau :** ma vie réussie, ma famille idéale, la maison de mes rêves...
➻ **Je pose ma feuille** devant moi.
➻ **Je découpe intuitivement** dans les magazines (ou je dessine) les images qui illustrent ce que je veux mettre dans ma vie.
➻ **Je les colle** à ma convenance.

Important : je « coupe mon mental », c'est-à-dire que je décide d'aller au-delà des pensées parasites qui se présentent à mon esprit.

Exemple : je ne peux pas coller l'image de cet objet car je n'ai pas les moyens financiers d'acquérir celui-ci.

Matériel nécessaire :
1 feuille blanche (format : A4, si possible A3).
Des magazines (à découper).
Ciseaux, colle, feutres...

JE CONTEMPLE MA VISION

JE LAISSE INFUSER…

- Je prends le temps de m'en imprégner.
- Je le partage avec d'autres.
- Je l'affiche dans l'endroit que j'ai choisi.
- Je fais confiance à la puissance d'action de mon inconscient pour que se réalisent les aspirations.

Je me réalise

JE DÉCIDE DE CHANGEMENTS CONCRETS EN FORMULANT MON OBJECTIF.

L'exercice suivant consiste à formuler avec méthode mon aspiration. Il a pour fonction de la transformer en objectif concret et accessible.

MON OBJECTIF

JE DÉCIDE DE CHANGEMENTS CONCRETS

Les personnes ne savent souvent pas clairement ce qu'elles veulent et, paradoxalement, déplorent de ne pas l'obtenir.

Il y a un écart entre avoir un rêve pour l'avenir et avoir un objectif.

- Le rêve est une aspiration qui émane de notre être.
- Un objectif est un rêve pour lequel on agit afin **qu'il devienne réalité.**

Bien formuler un objectif aide grandement à l'atteindre.

Alors, prêt à agir pour réaliser tes rêves ?

J'EXPRIME MON SOUHAIT

MON OBJECTIF

MON SOUHAIT

Identifiez une situation que vous souhaitez changer.
Formulez :

- ce à quoi vous aspirez,

Ou :

- à défaut, ce que vous souhaitez éviter.

Exemple : Je ne veux plus manger de sucre raffiné.
Ou : Je veux avoir une alimentation saine.

EST-CE UN OBJECTIF QUI TE CONCERNE PERSONNELLEMENT ?

EN MON POUVOIR

Pour agir sur une situation, il est essentiel de posséder la capacité de la transformer. Si la situation ne dépend pas de moi ou concerne une autre personne, reformulez l'objectif.

Exemples :
Oui, cela ne concerne que moi-même et ma santé.
Je continuerai à en servir à mes invités.
Oui, c'est bien moi qui fais les menus chez moi.
Oui, même à l'extérieur je peux décider de manger autre chose que ce qui m'est présenté (ou m'abstenir).

Je me réalise

6

QUE SOUHAITES-TU PRÉCISÉMENT ?

MON OBJECTIF

Je me réalise

6

JE DÉCRIS L'OBJECTIF POSITIVEMENT

Prenez soin de formuler précisément l'objectif pour être certain d'aboutir à une action réalisable et réaliste : quoi, avec qui, où, quand, comment, combien, pour quoi.
Évitez les « ne pas » ou les verbes à connotation négative : le cerveau n'entend pas la négation.

IMPORTANT : visualisez-vous, une fois l'objectif atteint. Que pourrez-vous voir, sentir, entendre, toucher ?

Exemple :
Objectif initial : « Je veux arrêter de consommer du sucre lors de mes repas à domicile et à l'extérieur (restaurant, dîner…). »
Objectif reformulé : « Je souhaite adopter une alimentation sans sucre à partir de demain. »

QU'EST-CE QUE TU NE SOUHAITES PAS EN ATTEIGNANT CET OBJECTIF ?

Si besoin, trouve une solution.

LES LIMITES

La réalisation de nos désirs est parfois entravée par des objections internes. Il y a un conflit entre une partie de nous, qui souhaite quelque chose, et une autre qui se pose comme garante de ce que nous croyons être notre identité. Poser une limite à notre objectif permet de les satisfaire toutes les deux et de réduire la résistance au changement.

Exemple de limite : je suis une personne pour qui la notion de respect est importante, je ne veux pas être perçu comme irrespectueux lorsque je serai invité.

Exemple de solution : j'explique au besoin mon choix et je m'autorise des incartades lors des moments exceptionnels (gâteau de mariage…).

QU'EST-CE QUI T'EMPÊCHE AUJOURD'HUI DE L'ATTEINDRE ?

MES FREINS

Si mon souhait ne s'incarne pas dans la réalité, c'est peut-être que sa réalisation est empêchée par des freins internes ou externes. Pour les lever, il est essentiel que je les identifie précisément au préalable.

Il existe deux types de freins :
➻ internes : mes peurs, mes jugements de valeur sur mes capacités...
➻ externes : des personnes qui m'influencent, un environnement défavorable...

Exemple de frein et solution :
Quand je suis stressée, je consomme machinalement des sucreries. Je m'arrange pour faire les courses quand je suis zen afin de remplir mon placard de substituts tels que les noix.

Je me réalise

9

DE QUOI AS-TU BESOIN POUR L'ATTEINDRE ?

MES BESOINS

Pour atteindre mon objectif, il sera judicieux que j'identifie mes besoins et ensuite que je mobilise les ressources correspondantes.
Je peux faire appel à deux types de ressources :

➳ des ressources intérieures : des qualités humaines, l'expérience vécue, une intuition forte…
➳ des ressources extérieures : l'aide ou le conseil d'une personne, un objet, de l'argent…

Exemple de ressources internes : j'ai besoin de manifester du courage. Comme j'ai déjà fait preuve de cette qualité pour perdre 20 kilos, je peux m'inspirer de ma propre méthode.

Exemple de ressources externes : j'ai besoin de me sentir soutenu dans ma démarche de changement. Je vais m'inscrire à un groupe sugarfree sur Internet. Changer à plusieurs sera source d'émulation pour moi.

QUE PUIS-JE FAIRE AUJOURD'HUI POUR ME RAPPROCHER DE MON OBJECTIF ?

DÉFI !

MON OBJECTIF

MON PREMIER PAS

Je commence par poser un premier pas, c'est-à-dire une première action pour donner une matérialité à mon objectif.

Par la suite, je définirai un plan d'action précis pour avancer sereinement vers sa réalisation. Pour cela, je fixerai des étapes claires et réalistes en déterminant un début, une fin et en respectant scrupuleusement les échéances.

Un homme est fait de choix et de circonstances. Personne n'a de pouvoir sur les circonstances. Mais chacun en a sur ses choix.
Éric-Emmanuel Schmitt

Un voyage de mille lieues commence toujours par un premier pas. Lao Tseu